COUP-D'OEIL

SUR

L'ILE DE CUBA,

PAR

M. Alex. Barbié du Bocage,

L'UN DES SECRÉTAIRES DE LA COMMISSION CENTRALE DE LA SOCIÉTÉ DE
GÉOGRAPHIE, ETC.

PARIS,

DE L'IMPRIMERIE D'ÉVERAT, RUE DU CADRAN, N° 16.

AVRIL 1826.

COUP-D'ŒIL

SUR

L'ILE DE CUBA,

PAR

M. Alex. Barbié du Bocage.

(Extrait du Bulletin de la Société de Géographie, T. V, N°s 33 et 34).

La lutte vive et continue qui s'est engagée entre les colonies espagnoles et la mère patrie, les événemens qui se sont succédés et qui ont pendant long-temps semblé tenir en suspens leurs destinées, et les changemens qu'un nouvel ordre de choses à créé dans l'état des relations du Nouveau-Monde avec l'ancien, ont fait paraître les différentes parties de l'Amérique sous un jour entièrement nouveau. L'intérêt général et puissant qui s'attache aux grands événemens, comme aux grandes découvertes, a, pour ainsi dire, créé le besoin de rechercher avec empressement tout ce qui peut jeter quelques lumières sur ces belles et immenses contrées. Parmi celles qui obéissent encore à l'Espagne, Cuba sans doute est la plus importante. C'était un des beaux diamans de sa couronne. C'est le seul qui lui reste aujourd'hui. Plusieurs ouvrages publiés depuis quelques années sur cette île en Angleterre et en France, nous ont déterminé a réunir quelques-uns des faits qu'ils renferment et à offrir à nos lecteurs un aperçu général des derniers travaux de MM. Jameson, Huber et Masse.

Appuyée sur le 19° 48' de latitude septentrionale et touchant au tropique du Cancer, l'*île de Cuba*, dont la figure est celle d'une bande oblongue de plus de 300 lieues d'étendue, domine les deux entrées du golfe du Mexique par ses beaux ports de *Matanzas*, de la *Havane* et de *Mariel*, que 36 lieues séparent de la Floride, et par la pointe alongée du cap San Antonio, vis-à-vis du cap Catoche. Cette île, éloignée de 25 lieues de la Jamaïque, et de 15 ou 16 lieues de saint Domingue, et la plus intéressante des Antilles, présente une surface de 6,800 lieues carrées. Un sol fertile, neuf sur la plus grande partie de son étendue, et qui permet à toutes les cultures de prospérer, des ports vastes et sûrs, des villes considérables, quoique peu nombreuses encore, un commerce lucratif et bien entretenu, une population augmentée par les émigrations continuelles d'Européens et d'Anglo-Américains; tels sont les avantages et les richesses de cette île de Cuba, que Shéridan, dans l'impétuosité de son éloquence, qualifiait déjà de *Géant naissant*, et que les Anglais nomment le *Bouclier* (Shield) des *indes occidentales*.

Christophe Colomb sortait de *Guanahani*, depuis *S.-Salvador*, l'une des îles Lucayes, lorsqu'il aperçut les côtes de Cuba; cette terre lui parût être une portion du continent : erreur dans laquelle le confirma le langage mal compris de quelques habitans de l'île. Voulant porter sa navigation vers le sud, Colomb négligea de la visiter; mais plusieurs Espagnols se détachèrent de sa flotte et se rendirent à terre; accompagnés d'un habitant de Guanahani, ils s'avancèrent dans l'intérieur de l'île, où ils rencontrèrent une peuplade d'un millier d'individus d'une taille plus avantageuse que celle des habitans de Guanahani. Les Indiens, absolument nus, ne portaient que quelques ornemens en or, qui attirèrent les regards des Espagnols. Pénétrés d'admiration pour des étrangers qu'ils considèrent comme des envoyés du ciel, ils les comblent de marques d'attention, et en signe de respect, ils viennent leur baiser les pieds ; mais l'or qu'ils portent a déjà excité l'avidité des Espagnols : ceux-ci leur demandent d'où ils tirent ce métal ; les bons insulaires, sans défiance, indiquent le *Cubanacan*, mot qui, dans leur langage, signifiait le *milieu de l'île*. Ce fut la première cause de tous leurs maux !.... Ces paroles, rapportées à Colomb, lui firent croire que les Indiens parlaient du grand Khan ; il conclut de là que l'opulent empire dont Marc Paul avait fait la description ne devait pas être éloigné. Colomb visita quelques ports de l'île, longea les côtes jusques à cette réunion d'îlots, presque joints au sol de Cuba par les nombreux bancs de sable qui les entourent et qui se nomment *Jardins de la Reine* ; mais il ne s'avança pas plus loin. En 1506, au moment de sa mort, il ignorait encore que Cuba fût une terre isolée. Ce ne fut effectivement qu'en 1508 que Sébastien de Ocampo en longeant les côtes, alla faire caréner ses vaisseaux dans la baie de la Havane, qui porta pendant quelque tems le nom de *Puerto de Carenas* (1). *Juana* fut le premier nom que reçut Cuba en l'honneur du prince de Castille, fils de Ferdinand ; à ce nom succéda celui de *Fernandina*, donné par le roi lui-même ; mais ni l'un ni l'autre n'est resté, celui des insulaires a prévalu.

La prise de possession de l'île par les Espagnols n'eut lieu qu'en

---

(1) Les tempêtes et les bas fonds rendent souvent la navigation dangereuse le long des côtes de Cuba ; aussi a-t-on conçu le projet d'ouvrir une communication intérieure, entre la côte sud et la côte nord, par *Batabano* et la *Havane*. Un canal navigable seulement pour des bateaux plats serait de la plus grande utilité. De 18 lieues d'étendue, il traverserait les belles plaines du district *de los Guines*.

1511. Ce fut Velasquez qui, à la tête de trois cents hommes venus d'Hispaniola, s'en empara au nom du roi Ferdinand. Gouverneur de Cuba, Velasquez conçut le parti que l'on pouvait tirer d'une semblable colonie. Deux hommes d'un caractère bien opposé, le célèbre B. Las Casas et Panfilo de Narvaez, furent chargés par lui de la visiter. L'un, protecteur des malheureux Indiens opprimés, cherchait à adoucir leurs maux ; il s'en faisait vénérer : l'autre au contraire, ambitieux, hautain, se faisait un cruel plaisir de leur inspirer de l'effroi. Malgré les efforts du généreux Las Casas, les Indiens ne cessèrent de subir les plus rudes traitemens ; et leur race disparut insensiblement. Las Casas et Narvaez avaient porté le nombre de ces insulaires à 200,000 ; après deux ou trois générations il n'en existait déjà plus. Beaucoup avaient émigré dans les Florides et dans les îles voisines. Le plus grand nombre avait péri de chagrin, de misère, ou accablé de mauvais traitemens. Il faut dire aussi, avec Raynal, que beaucoup furent enlevés par la petite-vérole.

M. Huber n'admet cependant point, malgré le dire de différens auteurs, que cette population ait entièrement cessé d'exister. « Il » reste encore, nous apprend-il, p. 227, quelques familles qu'on » dit *indigènes*, que le Gouvernement protége, et auxquelles le roi » a donné un défenseur exclusivement chargé de leurs intérêts et » de leurs réclamations. Ces indigènes jouissent de beaucoup de » priviléges. »

Les côtes de l'île de Cuba sont presque généralement basses ; et même en quelques endroits, la mer semble se confondre avec la terre, surtout aux environs de ces ressifs appelés *Cayos* par les Espagnols, qui forment autour de l'île une espèce de ceinture ; et cependant des hâvres nombreux offrent au navigateur des eaux profondes et des abris assurés ; tels sont : *Bahia de Xagua* et *Batabano*, au S. ; *Bahia de Nipe*, au N. E. ; *S. Juan de los Remedios*, *El Embarcadero*, autrefois *Puerto del Principe*, etc., au N.

D'une extrémité à l'autre, Cuba est coupée par une *Cordil-*

lera, qui, à l'O., court former le prolongement du cap *S. Antonio*, tandis qu'à l'E., elle figure le cap *Maysi*, appelé par Colomb *Alpha y Omega*. Cette Cordillera sépare ainsi le système des eaux en deux, celui du N. et celui du S. ; ce qui a fait donner, par les habitans, aux parties de mer où ces eaux se perdent, le nom emphatique de *Mer du Nord* et de *Mer du Sud*. (1) Sa portion la plus orientale paraît occuper le sommet d'un triangle, dont les hauteurs de Saint - Domingue et de la Jamaïque formeraient les angles correspondans. C'est là effectivement que se rencontrent les points les plus élevés de l'île. Plus ces hauteurs se rapprochent de l'occident, plus leur dépression est grande, jusqu'à ce qu'enfin elles viennent mourir au cap S. Antonio. Toutefois, dans quelques parties de la Cordillera, il existe des interruptions. Le *Cuchillas* et le *Tarquinas*, dépendances de la *Sierra de Cobre*, auraient, au dire de M. Masse, une lieue d'élévation, et présenteraient des flancs tellement escarpés, qu'ils ne laisseraient voir qu'une espèce de muraille presque perpendiculaire. Elles se rencontrent dans le diocèse de Santiago, qui d'ailleurs est beaucoup plus montueux que le reste de l'île.

Nulle part, dans les Antilles, la nature ne semble s'être parée de plus beaux ornemens et de plus vives couleurs. Une végétation pleine de sève et de vie, et en grande partie inconnue à l'Europe, une verdure perpétuelle, d'immenses forêts de *pins*, de *cocotiers* et de *platanes*, donnent à cette contrée un aspect agréable et varié. L'*acajou* et l'*acana*, dont le bois sert à nos ameublemens ; le *quie-*

---

(1) On rapporte que les vaisseaux venaient préférablement se radouber dans ce port, tant à cause de la sécurité qu'il présente que parce qu'il se trouvait dans son voisinage un ruisseau de bitume ou de goudron minéral, que l'on a vainement cherché depuis. La population de San *Christoval de la Habana* établie à la côte Sud, en 1515, fut transféré au port de *Carenas* en 1519: depuis lors ces deux ports n'en ont plus fait qu'un seul. C'est à *San Christoval de la Habana* que fut préparée la fameuse expedition de Fernand Cortez dans le Mexique.

brahacha, ou bois de fer, l'oranger, le cèdre, le *papaya*, l'*aloès* aux larges feuilles, et le *palmier royal*, que l'on voit, suivant son exposition, s'élever jusqu'à près de 200 pieds de hauteur, concourent à embellir cet imposant spectacle.

Malgré la beauté de son climat et la fertilité de son sol, Cuba est inculte dans la plus grande partie de son étendue. Dans ces derniers temps, le Gouvernement a cherché à encourager l'agriculture. Des tentatives ont été faites pour naturaliser les *céréales* et les *légumes* d'Europe. Quoique les essais soient encore peu avancés, ils se continueront sans doute avec persévérance; et dans quelques années, l'état de cette île aura entièrement changé sous ce rapport. Le *maïs*, l'*yuca*, le *manioc*, la *banane*, le *papa* (pomme de terre), le *muniato*, etc., viennent en abondance; et outre ces productions, dont se nourrit une portion considérable de la population de l'intérieur, on y trouve, même au milieu des bois et des montagnes, les fruits les plus variés et les plus savoureux. Ce ne sont pas là les seules richesses que possède Cuba; la *canne à sucre* y croît avec une vigueur étonnante : en 1820, elle a fourni une exportation de plus de 50,000,000 de francs. Le *café*, inconnu dans l'île il y a 40 ans, est devenu pour elle un objet de commerce important : l'exportation a dépassé 600,000 arrobes. Le *tabac*, d'une qualité bien supérieure à celui des Amériques, a fait la réputation des fameux cigarres de la Havane, dont l'exportation est immense, et dont l'usage est répandu dans toutes les classes de la société. Cuba fournit aussi des *bois* de construction, dont les Espagnols font le plus grand usage pour leur marine, et des *bois* qui servent à l'ébénisterie et à d'autres arts. Elle envoie considérablement de *mélasse* aux États-Unis, et une grande quantité de *cire* à la Vera-Cruz. Récemment on a fait des essais de culture sur le cotonnier, qui vient à l'état sauvage; mais il paraîtrait que ces essais, mal dirigés, auraient été généralement abandonnés. Ce qui a pu contribuer à donner cette opinion à M. Huber, c'est qu'il n'est fait aucune mention du coton sur le tarif des Douanes de l'année 1825; et cependant Hassel annonce, en 1823, que Cuba a exporté 1750 quintaux de coton.

C'est surtout la partie orientale de l'île qui paraît aussi riche-ment dotée par la nature. Il n'en est pas de même du pays qui entoure la Havane; dans un rayon de 10 milles, le sol, dépourvu d'arbres, est stérile et abandonné. Le soleil et les pluies, frappant alternativement la surface dépouillée de la terre, l'ont entièrement lavée et desséchée; en sorte qu'il a fallu reporter les plantations de sucre, autrefois près de la ville, dans l'intérieur des terres. De ce côté, dit M. J***, Lettre 6ᵉ : « La trace des eaux, les » ravines qu'elles ont formées, en entraînant toutes les terres » qui se trouvaient sur leur passage, sont les seuls moyens de » communication offerts d'un lieu à un autre, sur un roc nu et » raboteux. La nécessité a d'abord engagé à s'en accommoder; et » l'usage a fini par leur donner la figure de routes.

Dans l'intérieur, on n'a point à craindre d'animaux féroces; mais sur la côte méridionale, les rivières, et surtout le *Rio de los Guines*, qui forme un marécage de quelques lieues d'étendue, sont infestées par les *caimans*, animaux terribles, qui cependant redoutent l'approche de l'homme, mais que les habitans, même les femmes, savent tuer avec beaucoup d'adresse. Le *bœuf* et les *porc* abondent; le mouton est beaucoup plus rare, et la chè-vre assez commune : quant au cheval, au mulet, comme ils sont d'un grand usage, on en élève beaucoup; on a même formé un haras dans la partie orientale de l'île. Les insectes, à l'excep-tion d'une espèce d'araignée venimeuse, ne sont point malfaisans. Le *cucuyo* est un scarabée luisant, plus commun ici que dans les autres îles du même Archipel; son brillant le fait rechercher des coquettes qui le regardent comme un objet de parure. Les ruches sont nombreuses et leur produit d'une assez grande impor-tance, surtout pour Baracoa. Quelques poissons de mer et d'eau douce, la *lisa* entre autres, dont les œufs servent à faire une sorte de caviar, figurent encore dans le règne animal de Cuba.

L'or, autrefois si commun au centre de cette île, paraît être beaucoup plus rare aujourd'hui ; du moins c'est ce qu'il faut conclure du silence de M. Huber à ce sujet. Cependant Herrera, dans ses décades, dit que l'or de Cuba est plus pur que celui du mont Cibao de l'île Saint-Domingue, et qu'il est si abondant que le quint réservé au roi, s'élevait, en certaines années, à 6000 piastres. Herrera ajoute que quelques rivières charient des grains d'or, et que les eaux de la rivière d'Holguin sont les plus remarquables sous ce rapport. L'existence de l'argent n'est encore que soupçonnée derrière *Regla* et à *Guanabacoa*. Une mine de cuivre, autrefois exploitée à l'O. de *Santiago de Cuba*, paraît avoir été abandonnée depuis. Le *charbon de terre* que l'on a découvert aux approches de la Havane est de très-mauvaise qualité ; néanmoins on ne laisse pas d'en faire usage.

Quelques eaux minérales, quelques sources bitumineuses existent sur plusieurs points de l'île ; les salines sont nombreuses ; mais les habitans négligent d'en recueillir le sel, ils préfèrent celui que les Anglais apportent des îles Lucayes.

La situation de Cuba la met à l'abri de ces ouragans qui ébranlent jusque dans leur fondement les îles situées plus au sud de l'Archipel. Les tremblemens de terre sont rares, mais les chaleurs excessives. Le thermomètre de Fahreinheit s'est élevé jusqu'à près de 93° dans certains étés ; il est des hivers où on l'a vu descendre jusqu'au point de congélation. La série des observations recueillies par M. J., de quinzaine en quinzaine, dans le courant de l'année 1819, prouve que la température a varié de 8 à 11 degrés, du point le plus élevé au point le plus bas. Le thermomètre a marqué 88° dans la quinzaine d'août, et 67° dans la seconde moitié de novembre.

Au reste, les mois d'août et de septembre paraissent être les plus malsains ; on respire alors un air sec et embrasé. Dans le cours de ces deux mois, en 1819, le terme moyen des morts à la Havane a été de 25 par jour. Les pluies commencent en octobre, avec une

violence extrême. Le vent *del norte* souffle en novembre et dé-
cembre : il est souvent très-rude, mais très-propre cependant à
rétablir l'équilibre de l'atmosphère ; les trois premiers mois de
l'année sont les plus beaux. En mars, la végétation est dans toute
sa force. Néanmoins il ne paraît point en être de l'intérieur de
l'île comme des parties qui avoisinent la mer et principalement la
Havane, où l'air est peu salubre ; ce qu'il faut attribuer surtout
aux constructions resserrées de la ville, à son défaut de pavés et
d'égoûts, ainsi qu'au voisinage de quelques marais qui la touchent ;
dans le reste de l'île, au contraire, l'air conserve sa pureté, et l'on
peut dire qu'aucune des Antilles n'offre un climat aussi sain.
Sur plusieurs points de la côte et surtout à la Havane, les mala-
dies sont assez communes ; la fièvre jaune y sévit avec une intensité
plus grande que dans toute autre partie de l'Amérique.

Les observations de M. J. ont été recueillies avec une grande pré-
cision ; il est seulement à regretter qu'il ne les ait faites qu'à la Havane.
Il eût été effectivement important d'en avoir de semblables sur divers points et à diverses hauteurs. Dans l'intérieur, ces observations seraient d'autant plus intéressantes qu'elles amèneraient sans
doute à calculer la véritable hauteur des montagnes, et à préciser
davantage la température générale de cette contrée.

Cuba offre un assemblage bizarre de presque toutes les nations
du Vieux Monde. Les blancs, soit européens, soit américains, soit
créoles, forment une grande partie de la population ; le reste se
compose de créoles de couleur et de nègres d'Afrique. Ces derniers sont connus sous diverses dénominations ; c'est à tort que
M. Huber les appelle toujours *bosale*. Ce nom ne s'applique, selon
M. Masse, qu'à l'esclave récemment arrivé d'Afrique, et qui ne
parle point encore la langue de son maître ; dès qu'il peut se faire
entendre, il prend le titre de *ladino*, plus noble que le premier.

Un des traits caractéristiques de toute cette population, c'est
l'indolence, non moins grande chez le *montero*, ou campagnard,
que chez l'habitant des villes. Le *far niente* est le vœu le plus com-

mun ; et le plus grand plaisir est de fumer le cigarre. Le jeu est une passion tellement dominante dans cette colonie, que l'on y importe annuellement plus de 10,000 dizains de cartes à jouer. Le luxe est excessif, et la galanterie fort à la mode. Quand un *islegno* (insulaire) a ce qu'il faut pour tuer la faim, comme ils disent, jouer et ne point paraître le gousset vide devant sa maîtresse, il n'en desire pas davantage ; il cesse de travailler. Les femmes dédaignent de s'abaisser aux détails du ménage ; elles en abandonnent le soin aux esclaves.

Malgré leur penchant pour l'oisiveté, ces insulaires ont besoin d'exercices violens : celui qu'ils préfèrent, c'est la course à cheval. Il est même, dans quelques lieux de l'intérieur, certains jours de fête consacrés à ce genre d'exercice ; hommes et femmes concourent ; il faut que l'animal tombe de fatigue. La danse est un des plaisirs du montero ; le chant, le son des trompettes de terre, des buccins, des guitares, marquent la cadence. Les combats de coqs sont un spectacle encore plus recherché que celui des combats de taureaux. Ils sont d'un rapport si considérable, que le gouvernement en a fait l'objet d'un monopole. Jouer dans une *feria de Gallos* est un souverain plaisir, auquel le montero résiste bien rarement.

Le costume des hommes diffère peu de celui des Espagnols ; la mise des femmes est d'une grande simplicité ; la *basquina* ou jupe et la *mantilla* ou voile, la composent ; le corset fait une seule pièce avec la *basquina*. Le tout est de couleur noire ; mais, la coquetterie havanaise sait lui donner de l'élégance. Les Havanaises ont en général une taille svelte, de la souplesse dans les mouvemens, une démarche noble et légère : elles paraissent réunir, pour me servir d'une expression de Montaigne, les attributs d'un corps bien *espagnolé*, et leur teint brun ne nuit en rien à la beauté et à la grâce de leur visage.

Ce qui ajoute à l'importance de Cuba, c'est que les *hacendados* ou grands propriétaires, sont en général natifs de l'île, et qu'ils aiment à y rester. Plusieurs d'entre eux sont les descendans des héros du seizième siècle, dont les noms se mêlent aux fastes de la gloire espagnole. La population blanche y est considérable, plus même que sur aucun point de cet archipel ; mais presque toute la richesse est entre les mains des créoles.

Les Nègres, dont le nombre a beaucoup augmenté, surtout depuis 1817, conservent toujours le type de leur état primitif, même après plusieurs générations. Le sol africain, d'où ils ont été arrachés, occupe sans cesse leur pensée. Leurs fêtes, leurs jeux, leurs usages, sont ceux de leur patrie. De caractère différent, suivant le pays d'Afrique d'où ils ont été enlevés, ils conservent leurs défauts naturels auxquels ils joignent encore les vices de l'esclavage. Il faut avouer cependant que les Espagnols adoucissent le sort des noirs par tous les moyens possibles ; et, comme l'observe l'auteur de l'aperçu statistique, « leur condition serait moins » dure, s'il était plus aisé de concilier l'intérêt des Colons avec » tout ce que commande l'humanité et le vœu des gouvernans. » Le code noir d'Espagne modifie leur cruelle destinée ; aussi, « tout es- « clave, dit M. J. (Lettre 2), qui offre à son maître la somme » pour laquelle il a été acheté, a le droit de réquérir son affran- » chissement sous certaines conditions, *affranchissement que son* » *maître ne peut lui refuser.* Un esclave, mécontent de son maître, » peut former une demande de *Carta*, pour être mis en vente ou » changer de service ; en outre, il faut que l'esclave soit nourri et » vêtu décemment. » En général, dans les îles espagnoles, les esclaves sont beaucoup mieux traités que dans toutes les autres. Plus humains que les premiers conquérans de cet Archipel, les insulaires actuels semblent vouloir effacer le souvenir des cruautés de leurs ancêtres envers les malheureux Indiens !

La population est inégalement répartie. Certaines paroisses n'ont que 10 ames par lieue carrée ; mais de Matanzas à Bahia-Honda, on compte environ 300,000 habitans, à peu près la moitié de la population totale de l'île. Selon M. Huber, la population entière serait, d'après des Havanais instruits, de 652,000 habitans, répartis ainsi qu'il suit :

Individus libres................	257,000
Esclaves.....................	395,000
Ensemble....................	652,000

« La population des blancs, dit-il, d'après cette donnée, est à » celle des noirs comme 27 est à 60 sur les plantations ; mais dans » un rapport bien différent dans les villes. »

Le recensement de 1817 avait donné 638,448 habitans ; en voici le résultat tel que le présente M. Poinsett :

Pop. blanche....................	259,260
Pop. d'individus de couleur.........	154,054
Pop. d'esclaves.................	225,131
	638,448
Plus la pop. mouvante dans les diffé-rents ports de l'île...........	32,641
Ensemble	671,089

Si en 1817 la population blanche a été de 259,260 individus , comment se fait-il que non-seulement elle ne soit pas restée stationnaire, mais, bien au contraire, qu'elle se trouve moindre en 1825 qu'elle ne l'était en 1817 ? M. Huber a réuni, pour la première de ces deux années, la population blanche et la population libre d'individus de couleur, et cependant ces deux masses ne présentent pour résultat que 257,000 individus : il y a certainement erreur ? Quant aux esclaves, l'importation a été tellement considérable de 1817 à 1820, époque où la traite a cessé, qu'elle a dû nécessairement augmenter de beaucoup la somme de cette partie de la population (1). Quoi qu'il en soit, le nombre

______

(1) De 1817 à 1819, en deux années seulement, il a été importé à Cuba 57,644 esclaves nègres d'Afrique.

s'est accru, dans l'espace de 62 années, de 1755 à 1817, d'une manière prodigieuse ;

En 1755, on ne comptait guère que   170,000 habitans de de toute couleur,

En 1792 . . . .   254,821 —   —
En 1804, d'après M. de Humboldt,   432,000 —   —
En 1817, enfin, sans la population
          mouvante, d'après M.
          Poinsett,   638,000 —   —

Il est facile d'après ces données, de prévoir les résultats que l'on peut attendre.

La liberté entière du commerce dans toute l'île, les émigrations nombreuses d'Européens et d'Anglo-Américains (1), la grande importation des esclaves, expliquent suffisamment ces divers accroissemens.

M. Poinsett estime que l'accroissement annuel de la population est de 19 à 20,000 individus. A ce compte, il faudrait donner présentement près de 800,000 habitans à l'Ile de Cuba. Ce calcul peut paraître exagéré.

Selon M. Huber, *la Havane*, capitale de l'île, autrefois le rendez-vous des riches Galions de l'Espagne, et aujourd'hui la place de commerce la plus importante de l'Amérique Espagnole, renfermerait 100,000 habitans, *Cuidad-d..l-Principe* 40,000, et *Santiago de Cuba*, qui antérieurement aux événemens dont l'Espagne a été le théâtre en 1809, en contenait 30,000, n'en aurait plus

---

(1) Différentes portions de l'île ont été assignées pour la colonisation des blancs qui arrivent du dehors ; ce sont :

(a) Nuevitas au nord.

(b) Guantanamo à l'est.

(c) Un *territoire* de 6 lieues carrées contigu à la baie Jacqua, sur la côte nord.

(d) Un autre *Territoire* de 4 lieues et ¼ carrées, nommé *S^o. Domingo*, à 70 lieues de la Havane, et à 10 lieues ouest de *Villa Clara*.

Quelques priviléges sont accordés aux colons qui viendront s'y établir,

que 12,000 aujourd'hui , par suite de la réaction exercée par le Gouvernement Espagnol sur les nombreux réfugiés de Saint-Domingue , qui étaient venus chercher un asile dans l'île de Cuba ; *Matanzas* , la *Trinidad* et *Santo Spiritu* en compteraient 10,000 , et *Baracoa* 6,000.

Relativement au commerce de cette intéressante colonie, l'Aperçu statistique de M. Huber offre surtout des renseignemens précieux.

« Le commerce extérieur de Cuba , y est il dit , depuis que cette
» île jouit de la liberté du commerce, a fait des progrès rapides ;
» elle s'est enrichie aussi des pertes que l'insurrection de Saint-
» Domingue à occasionnées à la France, par l'émigration de tous
» les blancs qui furent obligés d'abandonner cette ancienne co-
» lonie; aussi peut-on dire sans prévention , que l'industrie fran-
» çaise a puissamment contribué , dans les vingts dernieres an-
» nées, aux nouveaux progrès de la culture de Cuba. Placé entre
» l'Europe et l'Amérique Méridionale, Cuba servira, avec le temps,
» de lieu d'entrepôt pour les produits d'échanges , entre les di-
» vers pays de l'Amérique et les États de l'Europe. *La Havane* ,
» *Matanzas* , *Santiago de Cuba* et *Batabano* sont heureusement
» situés sous ce rapport. »

Cuba fait un commerce très-étendu avec les différentes nations de l'Europe et les Anglo-Américains. En 1820 , il entra dans le seul port de la Havane 1368 navires, dont 381 étaient espagnols, 662 américains , 164 anglais , 90 français, 20 des Pays Bas ; le reste se partageait entre les autres nations; mais il faut observer que les bâtimens français sont tous du port de 300 à 500 tonneaux , tandis que souvent ceux des États-Unis et de l'Angleterre sont d'un très-faible tonnage. M. Huber évalue à 19,000,000 de dollars (95,000,000 fr.) terme moyen, les exportations annuelles. En 1792, elles n'étaient comptées que pour 5,000,000 de dollars. Les 19,000,000 de dollars d'aujourd'hui sont répartis ainsi qu'il suit.

Américains, pour une valeur de . . . . 7,500,000.
Anglais. . . . . .4,500,000.
Français. . . . . 3,000,000.
Espagnols. . . . . 3,000,000.
Autres Nations. 1,000,000.
Total. . . . 19,000,000.

La Havane, avons-nous dit, est le centre du commerce des Cubanais ; elle est aussi le principal siége de leur industrie. Mais encore dans l'enfance, cette industrie leur fournit à peine quelques étoffes grossières, des chapeaux de paille tressée, des cigarres, et quelques autres objets d'un usage commun ; pour le reste les Cubanais sont tributaires des étrangers. Dans l'intérieur, outre la culture, on ne s'occupe guère que de la manutention du sucre, de la fabrication du tabac et de celle du rhum ou tafia et du blanchîment de la cire. Cependant les importations n'atteignent point les exportations, dit M. Huber ; mais elles en approchent souvent beaucoup ; « toutefois, ajoute-t-il, il est remarquable, surtout » depuis que l'île est ouverte au commerce de l'univers, que la » balance à constamment été en sa faveur. Cet avantage est évalué » à environ 10,000,000 de fr. par an. » Il donne à nos fabricans le conseil salutaire de moins travailler pour la classe aisée et de produire davantage pour l'usage du peuple.

Il n'est pas hors de propos de signaler ici au commerce l'Instruction nautique publiée récemment par M. W. Steetz, sur les passages, à l'île de Cuba et au golfe du Mexique, par le canal de la Providence, et le grand banc de Bahama. Quoique les observations de cet ancien officier de marine n'aient point un caractère officiel, les renseignemens qu'il donne ne sont pas moins importans pour le commerce ; il démontre les avantages de la navigation par le passage du banc de Bahama, que les étrangers fréquentent, et qu'ils préfèrent aux anciennes routes. Un navire du Havre *la Henriette*, dit M. Steez, a fait cette route en 1823, et s'en est bien trouvé.

L'Ile de Cuba (1) se divise en 3 grandes provinces : 1° *la Havane*; 2° *Santiago de Cuba*; 3° *Puerto-Príncipe* ou *Ciudad-del-Príncipe*, que l'on subdivise en *partidos*, dont 76 dans la province de de la Havane, 32 dans celle de Santiago de Cuba, et 12 dans celle de Puerto-Principe. Elle renferme deux Diocèses : 1° l'archevêché de *Santiago de Cuba*, du revenu de 15,000 dollars; 2° l'évêché de la Havane, du revenu de 50,000 dollars : En tout, elle possede 104 églises, 12 couvens, et 1000 prêtres tant réguliers que séculiers; une *Université* existe à la Havane, ainsi qu'une *Société Economique* et quelques autres établissemens d'instruction.

La législation est toute espagnole; et, comme les Antilles Françaises, cette île est placée sous un régime spécial. L'administration de la justice dans les villes est confiée à des alcades; et les causes sont portées en appel devant la haute cour de justice, qui siége à *Puerto* ou *Ciudad del Principe*, dont le ressort s'étend sur toutes les Antilles Espagnoles. La fureur des procès n'est pas moindre à Cuba que dans certaines parties de notre vieille Europe; il en est qu'on nourrit et qui durent depuis plusieurs générations. Un père ordonne par testament à son fils de suivre avec vigueur tous les procès qu'il laisse. On rapporte que les frais de chicane à l'occasion d'une mule se sont élevés à près de 42,300 piastres! que l'on s'étonne après cela du nombre des officiers de justice qui, à Cuba, s'enrichissent aux dépens des pauvres plaideurs; on en compte 850 environ.

L'état financier offre une preuve de l'amélioration des revenus de la colonie de Cuba. Autrefois la Métropole fournissait une subvention à la colonie, aujourd'hui la colonie solde elle-même

---

(1) La capitainerie générale de la *Havane* embrassait les deux Florides, elle se réduit aujourd'hui à la seule ile de Cuba. Les Américains sont en possession de ce pays; ils le conservent en vertu d'un traité fait avec le roi d'Espagne, en 1822, cependant quelques difficultés sont survenues à ce sujet; il est douteux qu'elles soient encore entièrement aplanies.

ses dépenses. L'abbé Raynal porte les revenus à 2,430,000 liv. et les dépenses à 7,290,000. liv. Depuis, ces dépenses ont augmenté, car M. Humboldt les élève à la somme de 1,826,000 piastres (9,130,000 fr.). Aujourd'hui les revenus de l'île sont de 5,000,000 de dollars (25,000,000 fr.). En 1817, ces revenus, versés dans les caisses des trois intendances, de la *Havane*, de *Santiago de Cuba* et de *Puerto del Principe*, étaient assis sur 779 cafeiries, 529 plantations de sucre, 1,001 plantations de tabac et 17 de cacao, de plus sur 42,268 maisons, 1,762 fermes, 1,193 prairies naturelles et factices, 354 ruches et 830 établissemens pour l'éducation des bestiaux.

En 1804, M. de Humboldt avait porté les forces militaires de l'île à 24,511 hommes, tant de milice disciplinée que de milice de campagne. Il paraît certain que Cuba pourrait aisément fournir pour sa défense un corps de 36,000 blancs, de 16 à 45 ans. (2) Toutes ces forces sont placées sous le commandement du capitaine-général, première autorité de l'île. Un officier-général est chargé du service de la marine ; quelques bâtimens de guerre ont la mission spéciale de faire la chasse aux pirates qui infestent les parages au sud de Haïti et qui portent le plus grand préjudice aux navires de commerce. Le nombre de ces pirates s'est beaucoup multiplié au milieu des agitations qui ont changé l'état politique du Nouveau-Monde. Aussi doit-on savoir beaucoup de gré à M. Steez de la nouvelle route qu'il trace au commerce de Cuba.

Nous terminerons cet aperçu en remerciant M. Huber d'avoir reproduit, à la fin de son ouvrage, deux discours d'un très-grand intérêt. L'un est celui d'un professeur à l'université de Cuba, nommé D. Ramon de la Sagra, et l'autre appartient à un habitant de la Havane. Au premier, l'on reconnaît un homme d'un mérite supérieur. M. Ramon envisage la botanique dans ses rapports

---

(2) D'après les dernières nouvelles venues de la Havane, il se trouve à Cuba au commencement de cette année (1826) 9000 hommes de troupe de ligne, dont 7000 européens et 2000 indigènes.

avec l'agriculture , et surtout dans son application à l'île de Cuba. Il émet des vues tout-à-fait neuves. Il suffit de lire ce discours pour être frappé de suite des immenses avantages que l'île de Cuba promet à l'agriculture. Le second traite de la situation politique de Cuba. Son auteur fait ressortir avec la plus vive énergie l'importance de cette île, les avantages qu'elle retire de son union avec la mère-patrie qui , depuis un certain nombre d'années , lui a fait les p'us larges concessions , et enfin les tentatives des nouveaux états du Mexique et de la Colombie pour la faire entrer dans leur système politique.

Alex. Barbié du Bocage.

ÉVERAT , IMPRIMEUR DE LA SOCIÉTÉ ,
Rue du Cadran , N° 16.